_____ 님에게

詩라는 그릇에 담긴 말들이
지상의 어두운 그늘을 밀어내고
따뜻한 동행이 되고자
이 시집을 드립니다

년    월    일

# 수다

지은경 제15시집

### 시인의 말

열다섯 번째 사랑이다

하늘에서 들려오는
땅에서 들려오는

득음한 명창의 숨결에 홀려
가파른 협곡으로 달려가
손발을 내어주고
가슴과 머리도 내어주었다

잉걸불 그대로 삼키니
눈을 뜨게 하고
귀를 열게 하고
입을 열게 한 그대

서로 다른 존재가
한 존재가 되어

2025년 눈부신 5월에
시인 **지은경**

## 차례

### 시인의 말

### 1부

| | | | |
|---|---|---|---|
| 밤낚시 | 10 | 詩 | 18 |
| 공감 주파수 | 11 | 우주 캔버스 | 19 |
| 손바닥 바다 | 12 | 별과 시인 | 20 |
| 접속시대 | 13 | 생명은 불꽃 | 21 |
| AI 시대 | 14 | 말소된 도시에서 | 22 |
| 푸른 피 | 15 | 텃새의 텃세 | 23 |
| 시, 쉬 | 16 | 쉰들러리스트를 기다리는 | 24 |
| 시인과 강 | 17 | | |

### 2부

| | | | |
|---|---|---|---|
| 2월 소식 | 26 | 봄, 다시 봄 | 35 |
| 글썽이는 3월 | 27 | 5월 광장에서 | 36 |
| 4월 | 28 | 유월이 오면 | 37 |
| 4월을 붙들고 우는 당나귀들 | 29 | 에스컬레이터 에스컬레이터 | 38 |
| 두 도시 이야기 | 30 | 괴물과의 싸움 | 39 |
| 봄1 | 31 | 에베레스트 에베레스트 | 40 |
| 봄이 전하는 말 | 32 | 8월, 그 붉은 입술 | 41 |
| 봄비 소리 | 33 | 12월 | 42 |
| 봄2 | 34 | | |

## 3부

| | | | |
|---|---|---|---|
| 수다 | 44 | 눈물 날아오르다 | 56 |
| 희망이는 어디 갔나 | 46 | 여기, 그리고 지금 | 58 |
| 바퀴벌레의 사유 | 48 | 연금술 | 59 |
| 계절을 준비하는 숲 | 49 | 광화문 카르마 | 60 |
| 백두산 | 50 | ㄷㅎㅁㄱ | 61 |
| 산이 많은 나라 | 52 | 이런 나라 | 62 |
| 겨울 산행 | 53 | 포퓰리즘 | 63 |
| 나무의 전언 | 54 | 눈 감은 회담 | 64 |
| 외톨이 프리덤 | 55 | | |

## 4부

| | | | |
|---|---|---|---|
| 새벽을 여는 사람들 1 | 66 | 벽 1 | 75 |
| 새벽을 여는 사람들 2 | 67 | 벽 2 | 76 |
| 막차는 없다 | 68 | 제4의 벽 | 77 |
| 권력, 그 위대함 | 69 | 한쪽 눈의 나라 | 78 |
| 사라진 눈썹 | 70 | 폭풍 속 비명 | 79 |
| 황당한 일 | 72 | 함박눈 | 80 |
| 해바라기 | 73 | 비의 혁명 | 81 |
| 벽 속에 숨은 희망 | 74 | 일요일 오후 세헤라자데 | 82 |

## 5부

| | | | |
|---|---|---|---|
| 물가에 앉아서 | 86 | 하늘 한번 쳐다보는 새 | 94 |
| 편견 | 87 | 비행접시 기다리는 | 95 |
| 파시즘 | 88 | 푸름이의 순정 | 96 |
| 동짓날 동지同志 생각 | 89 | 상처에게 | 97 |
| 밤길은 길을 잃고 | 90 | 가을 일기 | 98 |
| 다시 바닷가에서 | 91 | 인생은 오겜 | 99 |
| 언어는 수술 중 | 92 | 극복 | 100 |
| 나때 | 93 | 공공의 적 | 101 |

## 6부

| | | | |
|---|---|---|---|
| 숨바꼭질 중 | 104 | 새가 된 꽃 | 112 |
| 악의 평범성 | 105 | 비 내리는 사막 | 113 |
| 깨어짐의 새로움 | 106 | 누구를 위하여 좋은 울리나 | 114 |
| 장마 | 107 | 여행 | 115 |
| 세월 | 108 | 가을, 현행범 | 116 |
| 메아리 | 109 | 연극은 팩트 | 118 |
| 방범복을 입은 교사 | 110 | 비밀 | 119 |
| 늙어가는 공화국 | 111 | | |

## 평설

오래고도 묵묵한 시간에서 길어올린 '사랑의 미학'  **유성호**  120

## 1부

밤낚시
공감 주파수
손바닥 바다
접속시대
AI 시대
푸른 피
시, 쉬
시인과 강
詩
우주 캔버스
별과 시인
생명은 불꽃
말소된 도시에서
텃새의 텃세
쉰들러리스트를 기다리는

# 밤낚시

밤하늘에 던진 낚싯대
낚아 올린 꽃은
사유의 노래

나의 영혼을
너의 영혼을
우리들의 영혼을

위로하고 안아줄
고래 한 마리
허공에서 낚는 밤이다

## 공감 주파수

당신의 무릎에서
나의 입술이 떨고 있어요

사랑의 결실이 입덧하며
장미를 낳았어요

녹슬고 헐거워진 일상이
말갈기 휘날리며 달려요

포용이란 의미를 생각하다가
우린 포옹했어요

## 손바닥 바다

사람들이 바다에 빠졌어요
스마트폰 바다에 풍덩 빠졌어요

불빛 없는 방에서도
반짝이는 바다의 등대

느릿느릿 밋밋한 시간을 붙잡아
점멸하며 전신에 접신하는

종이책은 사라지고
파노라마 전자백과사전

검지손가락 터치 한번에
인류가 쏟아져 나와요

공전과 자전으로 말을 거는 스마트폰
일일 메신저 도우미 사랑해요^^

## 접속시대

문자들이 달려와
정수리를 때리자 눈사태가 났다
21세기 소통방식이다

기억하거나 소유하지 않아도 되는
저장했다가 언제든 꺼내볼 수 있는
무선 네트워크 시대의 대화방식

아침에 눈을 뜨면
하느님보다 먼저 인사하는
까만 액정, 진화의 산물

접속– 연결– 소통–
귀중한 정보거나 허접한 광고거나
부부침실까지 점령한 손바닥 기계

# AI 시대

인공지능은 지금 여름이다

여름 중에도 아주 뜨거운 여름

주인이 명령어를 넣으면

그림에 동영상까지 나온다

영일만에서 140억 배럴

석유 가스가 터졌다구요

## 푸른 피

세속의 주름 사이사이
이슬방울만 먹고 사는
시인의 피는 파랗다

적혈구가 아닌 청혈구는
어둠을 지우며 달 위에 앉아
분노의 화살에도 꽃을 피운다

아가의 미소가 스며 있는
탐욕에 물들지 않은
푸름이 주는 편안함이여

맑고 깨끗한 잔에 담긴
윤동주의 별을 사랑하는 청혈구
부끄러움을 아는 시인이여

일산화탄소가 섞이지 않은
기적의 소용돌이 나선형
녹슬지 않는 시인의 피는 파랗다

# 시, 쉬

어느 시인이
시
시
시
읊었더니

안고 있던 아기가 오줌을 쌌다는
시를 읽다가

시란
인간 본능의 배설임을 알았다

## 시인과 강

흐르는 강물
막을 수 없구나

흐르는 생각이
강물이구나

흐르는 생각에게
강물이 하는 말

잘 살아야 한다
그래야 시인이다

# 詩

마음 모두 빼앗긴
그대와의 동거

당신은 왕이요 종교요
영혼결혼식을 허락합니다

신혼의 보금자리는
백지의 신전

눈 뜨고 감을 때까지
받들어 모시는 해바라기

옥동자를 품어 낳고 낳고
줄줄이 낳아 시의 공화국입니다

## 우주 캔버스


검은 캔버스 위에 점으로 시작하는
고요의 중심에서 하나씩 빛으로 서는

80억 인류의 눈동자가 반짝이는
꿈의 이야기는 시공을 초월한 메시지
우리는 어디서 와서 어디로 가는가

각자의 길을 찾아 떠나는 여정 조명하는
하늘 아래 작은 점들이 하늘위의 작은 점들이
꿈과 희망이, 슬픔과 기쁨으로 그리는

시인의 그림은 하늘 그림
입 닫고 눈과 귀만 열어놓은 그림

## 별과 시인

나,
그대 한없이 올려다보고

그대,
나 무한히 내려다보니
우주의 법칙 닮은
시인과 별은 서로를 향해 있구나

서로가 서로를 비추는
우리는 천생연분
찰떡궁합

하늘과 땅 사이
빛과 어둠 사이

서로 다른 존재가
서로 같은 존재가

다 안다는 듯
아무 것도 모른다는 듯
운명을 같이하는구나

## 생명은 불꽃

험산 준령도 쉬이 넘는
바람의 손을 잡았다

나무들을 흔드는 건
바람이 아닌 세상의 헛기침

덮었던 뚜껑이 열리면
쓰레기도 보석이 되는 세상

불꽃 튀는 배신과 음모는
순도 미달의 불확실한 정보였다

파티는 계속 되고
사람들은 살아남기 위해 휘어졌다

나는 바람의 경전을 듣기 위해
새파란 하늘 앞에 오도카니 무릎 꿇는다

## 말소된 도시에서

풋사과 아침의 나라
어젯밤 뉴스의 기침소리
아침으로 이어진다

하얗게 빛나는 사리 머금은 새벽
아부설을 빌려 눈동자를 굴려보지만
매서운 바람에 휘청이는 겨울나무다

별들의 눈물 먹고 자란 풀꽃들아
보이지 않는 자식은 이웃만도 못해
어둠이 매순간 나를 안아주었다

영원히 늙지 않고, 영원히 죽지 않는
카뮈의 열정과 냉정 사이 오가며
고통과 허무로 멍 때리는 날들

암울한 안개의 절규하는 목소리
노을을 닮은 그대 눈동자는 희망
12월에 받는 붉은 꽃다발의 눈물 한방울

## 텃새의 텃세

까치와 멧새의 수컷들이
텃새라며 텃세를 부린다

대한민국이라는
한 부모 뱃속에서 태어났는데
형제가 자매를 서자 취급한다

모음 자음 싹을 틔우는
네 욕망은 열정이라 부르고

캄캄한 밤 강 건너는
내 열정을 욕망이라 부른다

텃새가 만든 법칙은 권력
발작적으로 재발하는 신경통

공존을 위해 내뱉는 목쉰 소리
길들여진 허구는 수정되지 않았다

## 쉰들러리스트를 기다리는

밤이 무섭다
낮은 더욱 무섭다

밤에도 달은 뜨지 않았다
별도 보이지 않았다

옆지기가 악어인 줄 알면서
동거하는 불안한 밤

티라노사우로스의 질투가
트라게라톱스의 목을 물었다

우당탕 퉁탕 수용소 간수는
믿는 놈이 바보라고 비웃었다

아슬아슬한 절벽을 함께
넘어야 하는 한반도의 얼굴들

쉰들러리스트*는 언제 돌아오나
반드시 돌아와서 구해야 한다

* 2차대전 당시 1,100명 유대인 구한 명단 실화

## 2부

2월 소식
글썽이는 3월
4월
4월을 붙들고 우는 당나귀들
두 도시 이야기
봄1
봄이 전하는 말
봄비 소리
봄2
봄, 다시 봄
5월 광장에서
유월이 오면
에스컬레이터 에스컬레이터
괴물과의 싸움
에베레스트 에베레스트
8월, 그 붉은 입술
12월

# 2월 소식

이스라엘의 가자지구 공습
푸틴 정권에 반정부 활동하던
알렉세이 나발니가 옥사했다

땀인지 눈물인지 흠뻑 젖은 속옷
깨어진 유리창 너머로
우범자들이 들끓기 시작했다

거품 속에 숨겨진 총, 머리를 쏘았다
친구가 적이 되고
적이 친구가 되는

겨울도 봄도 아닌 두 번째 달
남의 빛을 받아 빛나는 달처럼
타인의 도움으로 존재하는 우리

검푸른 하늘엔 이즈러진 달이
싸늘하게 지구를 내려다보고
불어오는 바람은 간사하다

## 글썽이는 3월

3월이 옹알이한다
햇살은 엄니의 젖

엄니의 젖을 먹은 나무들 사이로
반짝이는 눈동자들 잊을 수 없는
차마 지울 수 없는 3월 1일 그날

좁은 틈새에서도 잘 자라는 내 나라
까치발로 서서
3월의 시를 쓴다

엄니의 젖을 먹은 나무들아
조국의 피와 살로 자란 풀꽃들아
불임의 시대 잘 살아내자

# 4월

해와 달도 시를 쓰는 달
나무들의 옆구리가 따스하다

풀꽃을 키운 건 바람의 미소
시인은 꽃잎을 안고 잠이 든다

책상에 몰래 놓고 간
노랑 민들레

아, 4월이 다녀갔구나!

가난한 이에게도 웃음을 주는
햇내나는 봄이구나

## 4월을 붙들고 우는 당나귀들
- 24년 4월 10일 총선에 붙여

봄이 와도 꽃은 숨바꼭질 중
바람은 잡으려 해도 잡히지 않았다
아침이 와도 울지 않는 닭
기회의 사다리는 부서져내렸다
주인은 고도를 기다리는 종합병원
자르고 째고 도려내고 또 수술 중
뻥 뚫린 4월의 4차선 도로는
멀리서 보면 평화인데
가까이 다가가니 전쟁 중이다
먹고 먹히는 동물의 왕국에서
충성을 다한 늙은 당나귀들은
허기증에 차가운 달을 핥으며
아버지를 잃고 헤매는 밤이다
언어의 조작에 실어증이 된 4월
당나귀들은 몰락을 힘겹게 붙들고
넘어진 시간들을 일으켜 세우며
아직은 몰락 아니다 서로를 위로하는

# 두 도시 이야기

한 나라에 두 도시가
송곳니를 드러내고 으르렁댄다
왼쪽은 찰나의 벚꽃잎 인연으로
오른쪽은 늙은 시간의 도박장이
야금야금 서로를 뜯어먹으며
거짓과 속임수의 포복 자세다
역사는 옐로카드로 수없이 경고하지만
평화는 레드카드를 감추었다
불의에 저항하던 눈동자 위로
하염없이 부당의 빗물은 내리고
뇌관을 터트리고 싶어 안달하는
두 도시의 흘림을 붙잡아
갈라파고스로 보내주고 싶다
엘가의 사랑의 인사도
오르페우스의 노래도
얼어붙은 땅을 녹이지 못했다
여의도 돔 앞에는 비가 내리고
색즉시공 공즉시색
사즉생 생즉사
영웅놀음 중

# 봄1

젖 내음 풋풋한 새벽공기
마중 나온 아침나라 햇내나는
벌거벗은 봄 햇살 하늘문 연다

이명처럼 아련한 겨울 햇살
연둣빛 새싹들은 하늘 말씀으로
세상 쓰다듬어 준다

시도 싹을 틔우며 봄이 되는 시간
산새가 뭐라뭐라 종알대면
노란웃음꽃 연분홍웃음꽃 터트리는

## 봄이 전하는 말

알몸으로 건너온 밤
칼바람에 베인 봄

별 하나 내려와
눈물 씻어주며

마음 약해지면 안 돼
꽃등으로도 세상 밝힐 수 있어

4.19 혁명처럼
5.16 혁명처럼

불온한 역사의 강 건너
따뜻한 평화의 세상으로

## 봄비 소리

옹알옹알 옹알이 소리
꼼지락꼼지락 간지럼 타는
자분자분 새 세상 노래하는

아가 달래는 소리
나무들 어르는 소리
어서어서 잘 자라거라 새 세상아

# 봄2

마음 약해지면 안 돼요
칼바람 세상이지만
우리 손잡고 함께 가요
도도한 역사의 강 건너
따뜻한 세상으로 가요
무거운 흙을 뚫고 나오는 새싹처럼
우리의 꿈도 우리의 희망도
봄바람이 속삭이듯
햇살 먹은 용기로 자라나요
소망의 씨앗들이 꽃 피우며
봄의 따스함을 힘껏 껴안고
시작의 멜로디를 연주할 거예요
머리엔 북한산이 있고
이마엔 남산이
눈앞엔 한강이 흐르는데
게으르고 부지런한 날들이여
봄이 오고 있어요

# 봄, 다시 봄

새카만 세상 가린 눈동자
리시버에서 터지는 록 음악
소리를 차단한 귀머거리 세상

급변하는 세상 낯설어
봄, 다시 돌아온 봄 낯설어
알에서 깨어난 새로운 세상 그리워

산도 강물도 어제와 같지 않은데
똑같은 봄이 왔다고 말하는 사람들
봄을 베고 누워
꽃 속에서 겨울을 본다

세웠다가 사라지는 여의도의 말잔치
새카만 봄
견뎌야 하는 봄

## 5월 광장에서


갑진년(2024) 광화문 광장에서
5월이 순국을 생각한다

깜빡이도 켜지 않고 들이대는 시민들
빛부신 햇살이 비상벨을 울린다

바람은 이순신 동상에 올라가
큰 칼을 빌어 와

날카롭고 무서워 거부하는
시퍼런 진실의 칼을 데려와

칼잡이도 아닌 오월의 손에 칼을 쥐어주며
이 땅을 더럽히는 허언들

도려내는 작업을 하라 한다
빛부신 오월에

## 유월이 오면

잊혀진 것은 사라진다지만
사라져도 잊을 수 없는 것이 있다

유월이 오면
초록 바람 타고 오는 피 냄새
피와 살을 나눈 가족에게서
사랑하는 사람을 앗아가고
고향을 앗아가고
나라를 앗아 갔던 그날들

총탄이 뚫고 간 뜨거운 심장
해마다 술 한 잔
시 한 수 올리며
임들을 기억합니다

자유와 평화를 지켜 준
그날 그 사람들
피어보지도 못하고
산화한 젊은 꽃들

어떻게 잊을 수 있겠어요

## 에스컬레이터 에스컬레이터

아침에 아첨의 과자를 먹고
박수치는 연습을 한다
경박한 실존의 버팀목 같은
둥지를 지키기 위해 와르르
쏟아지는 말들에 박수친다

살면 살수록 늘어나는
존엄을 부여할 수 없는
욕된 삶의 나날들
무거운 삶이 눈을 멀게 해
손바닥이 아프도록 박수친다

허위의 고지를 향해 질주하는
내 오른쪽 입술의 검은 사마귀

한바탕 바람이 불고 지나간 자리엔
우울한 우리들의 빨간 손바닥
빈 칸을 채우려 우르르 몰려가는

## 괴물과의 싸움

어느 날 갑자기 뒤에서 달려들어
비닐봉지를 머리에 씌웠다
졸고 있던 마음의 틈새로
음모와 사기와 보이스피싱이
시간과 공간의 허리 휘어잡고
평범한 일상의 뿌리를 뒤흔들었다
그때 목이 터져라 울어대는
매미의 울음소리는
통곡인가 야유인가
목을 조여오는 끈
눈에는 눈, 이에는 이
인간이기를 포기해 짐승이 된
놈의 아가리에 주먹을 먹였다
괴물에게 할 수 있는 건 이것뿐
아니면 말고 달아나는 놈의 꼬리
잡아당기자 도마뱀으로 변신했다
괴물을 용서하는 건 불안의 허용
용서는 악을 멈추게 하지 못한다

## 에베레스트 에베레스트

겉옷은
민주주의를 입었는데

속옷은
권위주의를 입었다

일단 잡고 나면
민주주의는 권위주의가 된다

국민의 꿈은 8,848m
정치가 베이스캠프에 갇혀 있다

# 8월, 그 붉은 입술

그늘 한 점 없는
아스팔트 끓는 틈새에서
민들레가 태양의 판결문을 읽는다
"배롱나무의 붉은 입술에 허위가 숨어있다"

졸고 있는 녹음의 눈
전방위를 스캔하는 매의 눈
불면의 열대야 안심할 수 없어 와아 와아
"하얀 파도의 물보라에도 허위는 숨어 있다"

오수를 즐기는
타이타닉호의 철없는 소문들은 현실
게걸스레 뻔뻔하게 따라온 꽃길
"상처와 의혹들은 유예된 시간이다"

세월의 이랑마다
온몸으로 울어보지 못한 사랑
폭염을 기어오르는 담쟁이의 목마름으로
광복 77년 역사의 저편 극복하지 못한…

# 12월

세월의 강물 난간 위에
어제를 나란히 세운 12줄

한발 한발 걸어온 시간들이
물구나무 세우며 질문하는 시간

햇살도 비틀거리는 마지막 현
넘어가는 해가 노을을 토하며
우리 이별할 시간이에요

세월이 한해의 돛을 내릴 때
이제 각자의 공화국으로 돌아가
생각에 고요를 채우는 시간

미안하고 고맙습니다
아침에 일어나니 눈썹이 하얗다
새해엔 신선을 되려나~

## 3부

수다
희망이는 어디 갔나
바퀴벌레의 사유
계절을 준비하는 숲
백두산
산이 많은 나라
겨울 산행
나무의 전언
외톨이 프리덤
눈물 날아오르다
여기, 그리고 지금
연금술
광화문 카르마
도흐므그
이런 나라
포퓰리즘
눈 감은 회담

# 수다

흩어졌다 모이고
모였다가 흩어지는 말들
잊을 수 없는 말들 밤을 세우며
까만 하늘에 수다를 뿌리는 별들
메마른 마음들 촉촉이 적신다

내가 어디서 왔는지 알지 못하므로
내가 어디로 가는지도 알지 못한다
장미도 제 목숨 지키기 위해 품고 사는 가시
내가 나를 보호하기 위해 품고 사는 세치 혀
어쩌다 자신을 찌를지라도
메타버스 타고 말꽃 곱게 피우는 밤

가끔 도심의 불빛이 하늘을 가려도
내 마음속 은하수는 강물처럼 흐르며
은행나무 이파리가 된 수다들
입속에서 핀 꽃들 웃음꽃 달고
노랑나비 되어 세상 훨훨 날아다닌다

인파속에 하루를 지우며 사는

도심 속 나홀로족 무인도 친구들이여
내일을 열어주는 수다 사랑해요

## 희망이는 어디 갔나

'어린이'라 쓰고 '희망'이라 읽는다

사진작가가 찍은 사진 한 장
책보를 허리에 맨 어린이들
그 많던 희망이들은 보이지 않는다

마을에도
학교에도
재잘대던 참새들
해 저물도록 뛰어놀던 병아리들
동네 골목마다 삐약삐약 희망이들

요즘 혼자 놀고 혼자 자라는 아이들
언니, 오빠, 형, 누나 호칭도 사라진 세상

희망이가 사라진 국가는 화들짝 놀라
"한 아이 낳으면 1억 준다!"
"둘째 아이 낳으면 대학까지 보내준다"

"둘만 낳아 잘 기르자!" 제한하던

반세기 전 캐치프레이즈 뒤집는 정책

희망이가 사라지자
학교도 사라지고
교사도 사라진다

전쟁은 일어나지 않아도
사람들이 자꾸 사라진다

## 바퀴벌레의 사유

어둠을 사랑하는 바퀴벌레는
제법 외로움을 아는 철학자다

달빛을 벗 삼아
꽃 같은 입속으로 참이슬 한입 또 한입
짜르르 번지는 가슴 속에서

무장무장 꽃을 토해도
달님과 별님은 웃기만 할 뿐

허공이 깨어지며 손을 뻗는 순간
힘을 얻은 말들 날아오른다

## 계절을 준비하는 숲

숲을 지키는 늘씬한 흰 다리들
가을은 나무가 사람이 되고
사람이 나무가 되는 계절

임무에 충실한 일개미의 묵언은
늘 푸른 수행이다
고독이란 추상명사를 예찬한다

쉬는 건 쉬는 게 아니야
고독은 시간을 낭비하는 게 아니야
빼앗긴 몸의 시간을 돌려주는 거야

숲이 햇살과 연애하는 동안
자작나무는 기적의 나선이 되어
동안거 블랙홀 속으로 들어가 토닥토닥

# 백두산

해발 2,744미터
한반도에서 가장 높은 산
일 년 내내 녹지 않는 눈
머리가 하얘서 백두산白頭山
환웅이 천부인 셋을 갖고 내려와
단군신화를 쓴 민족의 영산
백의민족 7천만 뿌리내린 산

대자연 원시림을 고이 간직한
하늘 담은 웅장하고 신비로운
천지天池는 맑고 투명한 거울
연못을 감싼 16개의 봉우리 중
6개는 북한에 7개는 중국에
3개는 국경에 걸쳐 있다

고구려가 뛰어놀던 땅
불굴의 정신 키워준 겨레의 성역
지금은 우리 땅 우리가 가로막아
평양 삼지연으로 오르지 못하고
중국 연변으로 돌아가야 하는 백두산

장백산맥 곧게 뻗은 자작나무들
신선 같은 하얀 다리 한국인을 닮았다

## 산이 많은 나라

세계에서 가장 산이 많은 대한민국
남북으로 길게 뻗은 산줄기
아득한 태고의 비밀 간직한
백두대간 1,400km 등뼈 사이로
크고 작은 산이 4,440여 개
산수가 빼어난 곳에서 태어난 한국인은
어릴 때부터 산에서 천지天地를 배우고
대장부의 호연지기를 길렀다
나무는 때가 되면 낙엽으로 돌아가는데
원시림을 품고 사는 사람들
산에서 태어나 산으로 돌아가는 사람들
반만년 역사를 지닌 대한국인은
산에서 태어나 산에서 잠든다
이듬해에 새 생명을 키워내는 나무처럼
한국 사람은 산처럼 나무처럼 산다

## 겨울 산행

어제 내린 눈에 눈이 부시다
동공을 뚫고 들어온 투명한 빛
경건하고 정갈하게 문답하며
가볍게 정신을 들어올린다
수행자가 아닌 이도
순례길 끌고 가는 행보
바람에 눈꽃이 날아와
이마에 흰꽃을 피운다
운명의 쇠망치를 맞은 듯
콧김을 내뿜으며 정신줄 부여잡는다

겨울 산행은 이미 산문에서
바람의 일격에 귀문이 열린다
청빈한 수도사를 닮은
백양나무들의 묵언 수행
위선과 오만의 세상에서 돌아와
왈칵 쏟는 눈물에 눈을 뜨며
정갈한 허공이 단단해진다
부조리한 기억들 눈 속에 묻고
올곧은 정신 인양하여
빛부신 역사 다시 써야겠다

## 나무의 전언

엑스레이를 찍어본다
꽉 찬 줄기와 굵고 가는 선들
그 속에도 눈물과 웃음
절실한 옳고 그름이 존재한다

빛 부신 태양을 먹으며
파릇파릇 돋아나는 신록이 있는가 하면
소금 떨어진 부패의 바닥도 보인다

바다의 숨소리가 더욱 선명한 밤
제자리 지키며 품위를 잃지 않던
영웅호걸들은 모두 어디 갔나

바쁜 일상 속에서 산을 찾은 어느 날
나뭇잎 사이로 들리는 분명한 목소리
"너무 높이 올라가지 마라
뿌리 없이 높이 올라설 수 없다"

하늘 향해 두 팔 벌리고 영접하던
대세를 읽는 가슴, 아리도록 붉은 꽃
다독다독 괜찮아 괜찮아

## 외톨이 프리덤
―히키코모리

홀로 산을 오른다
새들이 반기니 혼자가 아니다
해님이 따라오니 우린 셋이다
그림자도 따라오니 우린 넷이다
함박웃음 와르르 웃으며 함께하는 꽃들
꽃잎이 와르르 쏟아져 가슴에 안긴다

경쟁 없는 산행
폭언 없는 산행
나무들 쓰다듬는 태양은 평화주의
내가 사랑하는 이들은
모두 산을 사랑하는 천사
오늘도 차별 없이 응원하는 해님

# 눈물 날아오르다

눈물이 날 땐 무작정 산에 간다
겨울 산문에 들어서면
적막마저 꽁꽁 얼어붙은 길
아무도 가지 않은 하얀 길
투명한 날것의 풍경들이
마음을 송두리째 빼앗는다
뺨을 때리는 매운 바람조차
정신 번쩍 드는 황홀한 회초리다
甲辰年(2024)의 종소리에 실린 꿈
나무들 이름표 없이도 모두 튼실하다
이름을 불러주는 건 사람들뿐
허명을 위해 다투는 건 사람들뿐
붉고 노랗게 수다 피우던 나무들
옷을 벗고도 추워하지 않는다
겨울 숲을 지키는 소나무는 수문장
계절마다 가르침을 주는 우리들의 스승
누천년 숲을 지킨 나무는 나무가 아니다
지금 나무는 겨울잠을 자는 것이 아니라
푸른 봄꿈을 꾸는 성자이다
산문에 기대어 바라보는 내일의 창문

새장을 부수고 날아오르는 새의 울음소리
이 시간에도 묵묵히
반쪽 세상에 등불을 다는 사람들이 있다
다시 신발 끈을 단단히 묶어야겠다

# 여기, 그리고 지금

시궁창에 던져진 모자를 주워
씻고 꿰매어 새것으로 만들었다

빨간 눈동자가 호르륵 빛을 삼키니
푸른 눈동자가 날름 꿰맨 곳을 먹는다

머리에 얹어보니 빛나는 왕관 앞에
하나둘 모여드는 검은 눈동자들

넥타이에 묶여 얌전하게 앉아있던
정중하게와 신사답게와 인간답게가

앵~ 바이올린의 발톱에 심장이 긁혀
삶은 무겁고 죽음은 가벼워진다

참과 거짓이 뒤엉킨 세상에서
내 안의 꽃을 낳는 시간이다

## 연금술

사유가 쥐어준 요술펜
묶인 사람은 없는데
묶은 사람만 있다

부드러운 곡선뿐인
모서리 없는 사막에
예술의 혼 불러들여

존귀함과 성스러움으로
한 줄기 황금빛 빚은
궁리와 번민 퍼레이드

수많은 앵글 속
백지의 조련사는
붓의 교향곡 연주 중이다

## 광화문 카르마

안전벨트를 단단히 매십시오
언제 어디서 폭탄이 날아올지 모르니
손잡이를 꽉 잡으세요

광화문에 태풍이 불고
폭우가 쏟아지고
아수라의 소리 빗발칩니다

5백 년 전 정도전의 수술
재현을 기다리는 국민들

칼은 세상에 나와 울고 싶은데
칼집에 갇혀 녹슬고 있어요

밀어붙이는 자와 밀리는 자
의문이 꼬리에 꼬리를 문 회오리바람

## ㄷㅎㅁㄱ


아프다
많이 아프다

아프다는 신호를 보내도
어떻게 치료할 줄 몰라
비명만 지른다

초저출산율
자살율
고독사

생존의 필수 조건이
식량인 줄 알았는데
한없는 한없는 외로움이라니

채찍을 든 위정자들의 횡포
국민은 어떡하나 어떡하나
발만 동동 구르는 ㄷㅎㅁㄱ

## 이런 나라

반만년 역사 9백번 외침外侵 당한 나라
1895년 황후를 일본에 시해당한 나라
36년 일본의 식민지가 된 나라
광복 후, 좌우 대립으로 분열된 나라
동족끼리 3년간 전쟁 치룬 나라
수백만 명 살상 후 남북으로 갈라진 나라

남한은 폐허의 땅에 교육을 심은 나라
과학발전과 수출로 한강의 기적 이룬 나라
한류스타가 세계에 돌풍을 일으킨 나라
1인당 GDP 3만5천불 선진국이 된 나라
전 국민이 '자유대한민국' 통일노래 부르는 나라
통일만 되면 세계 제1의 대한민국인 나라

## 포퓰리즘



코로나19 드셨어요
추석 명절 위로금 백만 원씩 드려요
요람에서 무덤까지 국가가 책임져요
복지정책, 무료교육, 무료의료, 무료주택
국민 모두 공무원하면 실업자 해결돼요

나라빚 2200조예요
걱정 마세요 조삼모사
세금 조금 더 거두면 돼요
대한민국 GDP 3만 5천불 선진국
세금 거두기 위해 집값 좀 올렸어요

목 좀 조르지 말아요
국민수준 높아지면 머리 아파요
10년 장기집권 눈앞이에요
공짜에 맛 들여 헷갈리게 하자구요
적당히 풀었다 잡아당기면 돼요

북유럽이 복지정책에 골병들었다구요?
괜~찮아요 옛말이에요
나라빚? 아직은 대한민국 멀~쩡해요

# 눈 감은 회담

진보의 신발 보수해 신고
여의도 국회의사당 들어가
인권 높이뛰기 하다가
허리 부러진 이데올로기
작두 타는 무당의 신명에
유효기간 지난 안약 넣으며
늦은 밤 평화 회담한다

백의 얼굴 천의 얼굴
바이러스에 감염된 DNA
밤을 지키던 별들은 졸고
숨어버린 쥐구멍
세치 혀 길거나 짧거나
진실은 자멸하거나 멸종되고

네 눈 속에 나를 담고
내 눈 속에 너를 담아 갖고 노는
누구 가면 좀 벗겨 줘요

## 4부

새벽을 여는 사람들 1
새벽을 여는 사람들 2
막차는 없다
권력, 그 위대함
사라진 눈썹
황당한 일
해바라기
벽 속에 숨은 희망
벽 1
벽 2
제4의 벽
한쪽 눈의 나라
폭풍 속 비명
함박눈
비의 혁명
일요일 오후 세헤라자데

## 새벽을 여는 사람들 1

첫차는 언제나 만원
달빛 안고 겨울문 나서는 사람들

아직 동트기 한참 전
03시 50분, 8146번
버스를 타고 출근하는 사람들
버스 안은 벌써 승객들로 꽉 찼다
대부분 중년 여성들, 또 다시
대한민국 어머니들의 힘이다

회사 직원들이 출근하기 전
화장실을 청소하고
휴지를 새로 갈고
계단을 쓸고 닦는다

누군가의 노동이
아침을 밝게 열고 있다

## 새벽을 여는 사람들 2

한밤중 쓰레기 치우는 사람들
거리의 눈을 모으는 사람들
새벽길 아르바이트 나서는 청년
인력시장으로 가는 중년 남성
손수레에 폐지를 담는 할아버지
영원한 밤도 영원한 겨울도 없다

입김으로 고요를 더듬는 소리
대한민국호의 신음하는 소리
고물가, 고금리로 경제는 영하 12도
살날은 늘어나고 할 일은 줄어들고
칠흑의 어둠이 도끼처럼 위험하지만
노동의 힘에 문명은 진화한다

## 막차는 없다

신도림역 0시 50분
취객들을 배웅하는 막차
전동차도 집에 가는 시간
돌아갈 곳 없는 사람들이 있다

밖은 영하 12도의 칼바람
비틀거리며 털모자를 눌러 쓴
역사를 걸어 나가는 몇몇 사람들
한때는 그들도 사랑하는 아버지였고
누군가의 남편이었고 가장이었다

허공에 걸려있는 조각달이
부동의 자세로 어둠을 밝히고
아침이 오면 서소문 공원에서
배식 받으며 때를 기다리는 사람들

## 권력, 그 위대함

잘생긴 게 별거냐
하지만 외모는 권력이다

그가 나타나면
전기충격을 받은 듯
벌떡 일어나 경배한다

현대판 오르페우스는
걸어 다니는 권력
휘날리는 긴 머리에
현란한 말솜씨까지
게다가 쇼맨십까지
성공에 플러스알파가 되니
어찌 매료되지 않을까
훌륭한 추천서보다 낫다

오늘도 성형외과는 문전성시
그러나 실패하면 폭망이다

## 사라진 눈썹

누구의 짓이지요
그걸 왜 나에게 묻습니까

그럼 누가 한 짓입니까
흩어졌다 모이고
모였다 흩어지는 뜬구름입니다

정말 누가 한 짓입니까?
모릅니다
알아도 말할 수 없습니다

진실을 말하세요 누구냐구요?
모든 사람이 그렇다면 그런 겁니다

당신들은 압니다 다만
모른 척할 뿐입니다

누구도 모른 척하므로
당신들은 모두 공범입니다

낮이 밤 같은 세상에서
사람도 자연도 '절규'를 노래했다

# 황당한 일

길을 가다가 새똥에 맞았다
날아가는 새에게 칼을 휘두를 수도 없고
총이 있다 한들 맞출 수는 더욱 없다
주먹질 욕을 해봐야 내 얼굴만 뜨거워져

어느 날 사람이 멍멍 짖어대더군
감정의 칡넝쿨이 얽히고설켜
이해할 수 없는 말에 휘말려
헛웃음만 자꾸 터지더군

황당함 속에서도 어쩌면
이 모든 게 인생의 유쾌한 농담이길
그저 참고 넘어가면서 우리 모두가 겪는
조금은 쓰디쓴 웃음이길

때론 운이 나쁘다 생각하며
또 어떤 날엔 기묘한 운에 감사하며
삶이 던지는 뜬금없는 농담들 사이로
한 걸음 한 걸음 내딛으며 내일은 밝기를

## 해바라기

넘어진 시간 일으켜 세우며
함박웃음 환하게 웃는 꽃

허리를 곧추세워 우뚝 홀로 선
꽃 중의 꽃 키다리 꽃

자유와 평화와 사랑으로 연대하는
더 이상 사유가 불필요한 꽃

일편단심 민들레의 DNA 품은
오직 사랑할 뿐 바라는 건 없는

구스타프 클림트가 사랑하고
고흐의 영혼에 빙의된 꽃

시인의 마음 송두리째 빼앗아
순도 높은 사랑의 시간 경배하는

달빛에 물들어 신화를 쓰는
희망과 도전으로 어둠도 눈부신 꽃!

# 벽 속에 숨은 희망

세밑 집으로 돌아가는 길목
어둠에 브레이크 밟는 가로등
인플레이션 등불만이 떨고 있다
대한민국호의 등불이 깜박이며
아날로그와 디지털 경계에서
겨울비에 젖어 흐느끼는 새해
고음의 건반을 누르는 크레센도
치졸하고 비열한 생존경쟁
악의 발밑에서 버둥대는 선善
21세기는 하늘도 악의 편인가
실패와 절망과 슬픔을
유머와 해학으로 비빈 비빔밥 먹으며
유머러스한 폭소로 살려내는 일상
소설 속 비범한 주인공이 되어
절망의 꽃밭에 희망의 비료
주는 이는 누구인가

# 벽 1

그 벽은 무늬만 동맹
저 벽은 무늬만 애인
이 벽은 무늬만 가족

500년 키워온 종유석은
불신의 벽
불평등의 벽만 자라

장대높이뛰기로 올라가 바라보는
기암절벽에 뿌리내린 소나무
틈새에 붙박인 목숨이 절경이다

벽을 세우는 것도
벽을 허무는 것도
모두 제 살기 위해서인데

벽을 벽으로 보지 않으면
벽은 없다

# 벽 2

'벽'하고 부르는 순간
태평양 절해고도가 밀려와
콱 가슴에 부딪히는 파도

사막 끝까지 온 줄 알았는데
이번엔 적막강산이 다가와
철컥 다시 가둔다

조선 시대의 공자가 빙의되어
21세기에도 가위춤 추며
햇살을 싹뚝 잘라먹는다

다시 어둠이 시작되자
간절함의 문을 부수고
블랙스완이 나타난다

온기 없는 벽에 기대어
바람에 온몸 매 맞는 긴 밤
손 흔들어주던 아침이 멀다

## 제4의 벽

우크라이나, 이스라엘에서 뇌관이 터졌다
빛의 포격에 비늘이 일어서는 바다
바다는 용솟음치며 절벽을 위협한다
사람들은 앞으로 앞으로만 달려가고
질풍노도와 같은 용기는 용기가 아니다

나라마다 자국의 이익에 매달려
세운 벽은 아슬아슬한 절벽
자유가 자유를 유린한 세상이
한쪽 날개를 잃은 우리에게
분노하며 순교를 명령한다

마스크가 거울에게 묻는다
"벽 너머는 무엇이 있어요?"
"벽은 너와 나를 구분 짓지
 제4의 벽 너머엔 블랙홀이 있지"

세상에서 가장 악한 것이 혀
세상에서 가장 선한 것이 혀
세치의 혀가 한 말들 돌아와
벽을 세우고 벽을 허물지

# 한쪽 눈의 나라

이 금수저가 네 것이냐
이 은수저가 네 것이냐
이 흙수저가 네 것이냐

이 땅에 길들여진 숟가락 놀이
흙수저가 폭설에 묻혀
비상벨이 울린다

인도나 아랍에 가서 살까
터키나 태국 가서 살까
손으로 밥 먹는 자연의 나라

폭풍은 지나가도
내일의 태양은 떠오르지 않는 오늘

## 폭풍 속 비명

한때 나는
나만 잘 살면 그만이지
소명의식 같은 건 없었다

시인이 되고
시인답게 살아야겠다는 각성이
북한강과 남한강을 품었다

비는 억수로 쏟아져 바닥을 치고
질주하는 폭풍을 보듬어야 하는

휴전선은 현재진행형
70년 전, 개돼지로 죽고 싶지 않다

## 함박눈

어둠을 밝히는
겨울 반딧불

라라가 있는 겨울왕국은
희디흰 순결한 사랑의 속살

배고픈 이에겐 밥이 되고
가난한 이에겐 이불이 되는

죽어가는 생명들 보듬어
따스하게 품어주는 사랑

하늘의 말 간직하는 겨울왕국
그지없이 순결한 고요의 나라

## 비의 혁명

떠밀려 떨어지는 건 추락이지만
거침없이 뛰어내리는 건 용기다

너의 몸짓
토란잎 위에서는 발레리나
함석지붕 위에서는 명창이다

오늘도 용산과 광화문엔
이데올로기 빗줄기 깃발이 되고

길 위에서 길 찾는 들꽃들
비 맞은 어깨 오십견으로 아프다

## 일요일 오후 세헤라자데

시는 어디서 와서 어디로 가는가
지킬과 하이드는 두 얼굴의 세상
그날 밤,
늙은 어부 산티아고는 돌아오지 않았다
멱살 잡혀 끌려가던 리어왕은
반복되는 유령의 예언에 놀라
풍차로 돌격하는 돈키호테다

시는 어디서 와서 어디로 가는가
원숭이들이 깎은 고만고만한 인형들
포장되어 진열대에 세워보지만
덤핑으로도 팔리지 않았다

시는 어디서 와서 어디로 가는가
드디어 스티브잡스의 스위치를 켜고
로댕의 생각하는 액자 속에 들어가
클림트의 키스 밖으로 나온다

시는 어디서 와서 어디로 가는가
세 살짜리 김시습을 만나

맷돌에서 천둥소리를 듣거나
신성 불멸의 간디 영혼을 만난다

시는 어디서 와서 어디로 가는가
모두 풍선에 이름 달기 바쁜 나날들
샤리아 왕이 돌아오기 전에
세헤라자데는 이야기를 찾아야 한다.

## 5부

물가에 앉아서
편견
파시즘
동짓날 동지同志 생각
밤길은 길을 잃고
다시 바닷가에서
언어는 수술 중
나때
하늘 한번 쳐다보는 새
비행접시 기다리는
푸름이의 순정
상처에게
가을 일기
인생은 오젬
극복
공공의 적

## 물가에 앉아서

물가 옆에 앉은 물가物價
미친 듯 달리기만 하는 물가
물가가 물가에게 말한다
"나 좀 잡아줘요"

박수치니까 나도 따라 해본 것뿐
육모방망이 든 살인물가가
물가에 앉아 물가에게 말한다
"저 강물이 기름이면 좋겠네"

## 편견

의사와 장의사는 한 끗 차이
의사는 생명을 돌봐주는 사람
장의사는 생명 다한 사람 돌봐주지

태어난 아이 길 가르쳐주듯
장의사는 돌아가는 길 가르쳐주는
길 잃지 않도록 도와주는 거지

죽음을 두려워하는 사람들
의사의 가운 붙들며 간절하지만
장의사는 두려움을 거두어 주지

장의사의 아들을 피하는 친구들
장의사인 아버지는 아들에게
늘 책을 선물한다

친구 없는 아들은
책만 보다가 의사가 되었다
장의사와 의사는 한 끗 차이

# 파시즘

미국 트럼프대통령이 등장하자
지구가 휘청 흔들리기 시작했다

거인이 산을 흔들면
바다도 물머리를 세운다

갈대의 은빛 날갯짓은
휴화산 폭발 직전의 징조

깨어진 그릇에 담긴 진실
언제 어디로 옮길까 망설이다가

눈뜬 아침이 어지러운 세상
배운대로 살기 참 힘들구나

## 동짓날 동지同志 생각

이 밤을 무사히 건너가시오
무겁게 입을 여는 동지同志

오른손과 오른손이 꽉 움켜쥐며
늑골의 화약지문 쓰다듬는다

아직 강이 살얼음일 텐데
어두운 길 잘 건너가시오

오늘 밤 나는 뜨신 방에서 나와
벌을 서야 할 것 같소

부디 몸조심 하시오
조국이 독립하는 그날까지

100여 년 전, 혈맹으로 맺어진 독립투사들
나라의 앞날만을 걱정했다

오늘 동지冬至팥죽 한술 입에 넣으며
동지同志 생각에 목이 메인다

# 밤길은 길을 잃고

새들의 수다 잠든 밤
대지는 눈뜨기 시작하는 시간

공갈빵 먹으며 으르렁거리던
살아있는 것들이 잠드는 시간

독립운동으로 피 흘리던 밤
쓰러져간 겨레의 아들딸들

별들은 초롱초롱한데
나태의 시간을 용서할 수 없다

여기저기 지구의 신음소리
뇌관 터지는 소리로 잠 못 드는 밤

## 다시 바닷가에서


실컷 울고 싶어 달려왔더니
바다가 제 가슴 찢으며
더 큰 소리로 울어
나는 차마 울지도 못했다

바다와 사랑에 빠진 몽돌
천년의 사랑 지키는 순정이다

태양이 너무 뜨거워 눈이 멀었나
거센 바람에 뺨을 맞아 귀가 먹었나

자갈자갈 모음자음 앓는 소리들
바다가 혁명의 구실을 내어준다

살아있는 것들은 모두 평등하다
가짜로부터 혁명하라

# 언어는 수술 중

너의 말을 알아들을 수 없어서
나의 말이 전달될 수가 없어서
미친 듯 절규하는 터널 속의 혀

악수握手가 악수惡手가 되는
통제력을 잃고 아귀다툼하는
가짜 평화와 타협하는 손

까르르 까르르 웃기는 세상
입속에서 춤추던 말 날개 달고
가짜 뉴스 되어 날아다니는

꽉 막힌 언어의 터널 절개해
꽃잎 향기 촘촘히 심어주면
의심을 의심하는 불신은 떨어져
우주의 언어로 신새벽을 낳을까

# 나때

빨리 말하고 빨리 끝내고
지루함을 싫어하는 MZ세대
아버지의 밥상머리 교육이 시작되며
나때는 말야~ 주저리주저리
고무신 닳을까 맨발로 걸었다는
반세기도 훨씬 전 이야기
목소리 높이며 아버지 혼자 신난다
넘어지면 다시 일어나라는 이야기가
넘어져도 일어나고 싶지 않은 이야기로 들려
아이들은 벙어리 귀머거리 흉내내기
헐겁지 않은 이야기는 어디 갔나
부상자 500만 명, 동족 250만 명의 죽음에서
살아남으셨으니 참으로 장하신 어르신이다
사실 아는 것은 그것뿐인데
세상일 다 안다고
"나때는 말야…"
전쟁을 겪은 아버지들의 자화상이다

# 하늘 한번 쳐다보는 새

나는 술을 즐기지 않는다
노래를 부르거나 춤추는 것은 더욱 모르는
화덕에 풀무질하며 새 지도를 그렸다
운명의 쇠망치를 맞을 때에는
종교에 귀의하지 못한 것을 후회했다 그러나
신이 존재한다면 세상은 너무 정의롭지 못하다
실존을 넘어서지 못한 실존은
근거 없는 낙관론의 이중창을 들으며
역사를 바꾼 사람들을 떠올리면
최면에 걸린 듯 영혼이 깨어난다
타인을 즐겁고 행복하게 해주는 것이
진정한 예술이라고 말한 '바넘'의 사랑
영혼을 씻는 시가 버티목이 되어
하늘 한번 쳐다보는 새

## 비행접시 기다리는

창문 활짝 열고 우주를 향한 안테나
고독은 겨울보다 더 시린 여름밤이다
울 수도 웃을 수도 없던 그날
나는 그가 민주적인 줄 알았는데
민주의 적임을 보았다
나는 그가 인간적인 줄 알았는데
인간의 적임을 보았다
눈물 속의 뼈
뼈 같은 시를 어루만지며
365일 3650일 불타오르는 순정
불같이 살아도 차가운 세상
산새가 물어다 준 햇살 먹으며
하루하루 버티는 해바라기 사랑
손때 묻은 하루 사리로 태어나는 밤
내 사랑 비행접시 기다리는 밤이다

## 푸름이의 순정

한 곳에 뿌리 내리면
꿈쩍 않는 푸름이

여기저기 끌려다니며
기웃거릴 줄 모르는

오직 하늘만 바라보며
햇살만을 사랑하는

내 영혼 알아보는 오직 한 분
꿈쩍 않고 기다리는

## 상처에게

색깔도 없고 덧나지 않아
미처 발견하지 못한 상처
안으로 점점 커지는 환부
목숨줄 갉아 먹는 줄 몰라
총 맞은 가슴
심장으로 향하는 커다란 구멍
깊어가는 땅굴인 줄 몰랐다

천둥 번개 팽팽히 당겨
머리채 쥐고 흔들며
부풀어 오른 동공 터질 것 같은
살려줘요 새살들의 외마디 소리
듣지 못하는 귀머거리
젖은 눈 돌보지 못해
미안하다 미안하다

# 가을 일기

여문 들녘의
탱탱한 속살 좀 봐

노을에 물든 물비늘
하늘로 은종이 날린다

머리 깎고 출가하는
밤송이들의 웃음소리

깡마른 내 지성
살 오르는 소리

황급히 받아 적는
가을 메모 내 사랑

## 인생은 오젬


세상이 미쳤나 내가 미쳤나
정신 바짝 차리라구

지구가 빨리 도는 건가
정신 차릴 수 없이 돌아가네

오젬은 생존게임
코 잡고 뱅뱅 돌기다

열 번 돌고 나면
어지러워 픽 쓰러진다

가정假定이 없는 인생살이
유년의 놀이가 인생과 닮아

세계로 달려가는 한류 콘텐츠
땅따먹기 오젬 해볼까

# 극복

위기와 고통
그냥 끌어안고 살았더니
극복이 되었어요

절벽을 넘어서기 위해
사투한 적 없는데

고통도 벗 삼아 놀았더니
그냥 넘어가더이다

## 공공의 적
― 보이스피싱


이지메 불순분자도
손잡고 함께 가는 사회
스팸 전화, 보이스피싱
핸드폰으로 던진 올가미가
불특정다수에게 향한다

거짓도 진실로 둔갑하는 검은손
통신을 이용한 금융사기 범죄
일 년에 일인 당 4천만 원
달과 별의 빛깔도 바꾸어
급소를 찌르고 도망가는 날치기

상간녀 상간남은 추적하면서
추적할 수 없는 커다란 검은 손
바늘구멍 파고들면서
다다다다다 사람을 홀리는
사탕발린 목소리 뇌관을 때린다

## 6부

숨바꼭질 중
악의 평범성
깨어짐의 새로움
장마
세월
메아리
방범복을 입은 교사
늙어가는 공화국
새가 된 꽃
비 내리는 사막
누구를 위하여 종은 울리나
여행
가을, 현행범
연극은 팩트
비밀

## 숨바꼭질 중

감시하는 도시의 눈동자들
하루 83회 CCTV 눈에 포착된다
방범 효과 높아졌다는데
사회 곳곳에서 일어나는 참사

매년 스토킹 범죄 7천명 넘는 희생
숨을 곳을 찾아 요리조리 피하는
숨바꼭질하는 존재들
국민은 여전히 불안에 떨고 있다

어디서든 '찾았다' 외침 속에
누군가는 늘 발견되어야만 하는
겁나는 숨바꼭질 게임에서
그림자도 불안을 숨길 수 없다

무대 위의 연극 같은 일상
진짜인 나를 감시의 그물 속에 감추며
조용히 끊임없이 불안을 오가는 일상

## 악의 평범성

부지런히 움직이는 물밑
손짓 발짓 생각 없는 일상
착한 사람의 무감각한 언행

어제 너의 아이히만은
오늘 나의 아이히만은
사고의 부재와 결핍

무개념, 무능력, 무책임
착한이의 사유 부재는
혹세무민 원흉이 될 수 있다

## 깨어짐의 새로움

한겨울 강을 건너다
쩡!
세상이 깨어지는 소리에
사유가 인생을 깨운다

강 한복판에서 우는 세상의 소리
수면 아래 불안과 혼란과 공포가
을사년을 쥐고 흔든다

대중을 끌어안고 침몰하는 정치
수면 위로 솟구치는 돌고래의 미소

쨍!
햇빛 앞에 우뚝 선 K-호모사피엔스
신생의 나라가 탄생하는가

## 장마

끈적이는 바람이 수상하다
극한호우로 넘치는 말 말 말
유통기한 지난 수다의 설사
싹 쓸어가 버려야 한다

검붉은 말이 물을 흐린다
붉은 이끼는 산 것을 죽이는
요란한, 요사스러운 말 말 말
거침없는 목소리의 홍수에 쓸려간다

# 세월

영원한 건 없다는데
눈 깜짝 않는 존재가 있네

잘났다고 우쭐대는
인간들을 조롱하며
제 갈 길만 가는 그대

잘 났어!
정말 잘 났어!

그래 봤자
부처님 손바닥이란 말이지?

## 메아리

벚꽃이 봄을 닫자
칠흑 어둠이 시작되었다

믿는 도끼 곰팡이를 피우자
꽃길은 이혼을 준비한다

강자와 약자가 뒤바뀐 세상
잘 달리다가 철로를 벗어난 역사

사랑도 이데올로기 흑백논리
총천연색 칼라가 문제였다

껍데기만 남은 진실
진실의 껍데기를 끌어안고

살면 살수록 깊어가는 욕된 삶
지구보다 무거운 무게로 돌아온 삶

## 방범복을 입은 교사


2024년 2월 전라북도 ××고등학교에
한 교사가 '방범복'을 입고 출근한다
배움의 전당 교육 현장을 위협하는
어린 목소리들 속을 숨죽여 걷는다

"널 칼로 찔러 죽이겠어" 어린 이들의 말
"가족까지 죽이겠어" 어린 목소리의 협박
사제지간, 사랑과 존경이라 쓰고
두려움으로 읽힌다

펜은 칼보다 강하다는 말은 옛말
이제 칼이 펜을 위협한다
교육의 터전 위로 어둠이 내려앉고
불안의 바람에 흔들리는 교사

흑판 앞에 선 그는 교육자인가 전사자인가
금기는 이미 산산이 부서진 지 오래
교실은 두려움과 경계가 도사리며
매일 그의 몸에 무거운 갑옷을 입힌다

## 늙어가는 공화국

일흔일곱 살의 한반도 허리가 아프다
3.8선 DMZ는 낮 시간이 멈춘 땅
밤에만 세력이 꿈틀댄다

통일을 포기하는 건 평화도 포기하는 것
꺼지지 않는 불놀음을 붙들고
빈틈없이 빽빽하게 통일을 묻는다

神들은 아직도 레포트를 쓰는 중
둥당둥당 콧방귀도 안 뀐다

## 새가 된 꽃


사랑하라 사랑하라
사리 같은 말씀으로 머리를 빗으며
미움과 용서에게 자리를 내주었다

350그램 기억의 저장 탱크는
욕망의 본체를 지켜보며
상처난 일상에 약을 바르며
치유하는 세상을 꿈꾼다

종이모자 쓴 정의사회구현
낡은 깃발 꽂는 세상에서
풀꽃은 도무지 비린내가 역겨워
밤이면 새의 날개를 짓고 있다.

# 비 내리는 사막

나는 암사마귀예요
샤리아르 왕을 먹는 세헤라자드예요
천일동안 천일의 왕을 먹어요
내 안의 세운 임시정부가
왕旺의 눈을 먹고
심장을 먹고
페니스를 먹어요
당신들이 만든 경박한 세상
다시 암사마귀는 사막을 먹고
바람과 하늘을 먹고 모래땅에
사랑의 종소리를 울려요 그리고
어린왕자의 스승 생텍쥐페리를 만나요
어릴 적 우물을 보면
우물 속 하늘이 너무 고와
물속으로 들어갔듯이
지금도 그 별빛 하늘 만나러
우물 속으로 들어가고 있어요
연민의 축축한 사랑 낳은 땅
비 내리는 사막은 사막이 아니에요
암사마귀는 암사마귀가 아니에요

# 누구를 위하여 종은 울리나

초록물고기는 바다로 갔다
6월에 시작된 장마가
7월쯤 긴 울음 멈출 때
조종 소리가 울렸다
그것이 무엇을 의미하는지
아무도 관심 갖지 않았다
뜨거운 햇살이 초록물고기 포옹할 때
백사장에 길게 누워 눈을 감는 세상

어디선가 들려오는 애도의 종소리
가방에 손을 넣어 만져본다
차갑던 금속이 뜨겁게 달구어졌다
"탕! 탕! 탕! 계엄이다"
방아쇠는 당겨지고 소리들이 웅성거린다
"당신들은 위선자야! 공범자야!"
사람들이 모여들고, 그러나
사상자는 아무도 없었다

# 여행

모든 여행은 첫사랑이다
검은 눈동자 반짝이는
열여덟 꿈을 키우는 세계여행
적도면 적도
북극이면 북극
발길 닿은 스물하나의 나라
나의 첫사랑들 모두 안녕하신가?
아름다운 추억들 그리워
스캔하고 돌아와 다시 그리는 얼굴들

모든 여행은 스승이다
일상에서 해방된 자유의 가르침
길에서 배우는 인생이다
한 여인에게 바친 타지마할 사랑
모래폭풍이 일던 타클라마칸
무섭고도 경이로운 하와이 활화산
네팔의 몽환적인 패랭이들
수십억 지구인 눈빛 만나고 싶어
다시 떠나는 세계 여행길

# 가을, 현행범

산을 내려오는 여자의 목에는
붉은 입술자국이 선명하다
남자의 얼굴엔
노란 손톱자국이 새겨져 있었다

낙엽은 교활한 간부의 눈으로
붉고 노란 나신을 드러내며
가을 숲길에서 사람들을 유혹했다

무슨 일이 있었나요?
능청스럽게 묻는 낙엽

마치 알고 있었다는 듯
사랑의 흔적들이 증인대 위에 서는데
바람에 실려오는 소리

가을 숲은 조용한 고발자
모두가 보는 앞에서
비밀은 더 이상 비밀이 아니다

바람이 낙엽을 애무하는 사이
불륜의 증거들 하나둘 공중부양 한다
세상의 시선을 피해 숨을 곳은 없다

## 연극은 팩트

연극은 시작되었다
독한 사랑의 괴로움보다
혼자인 외로움이 낫다며
모두 나홀로 살기에 출연한다
밤이면 수척해지는 꿈꾸며
상처는 주지도 받지도 말아야했다
오백 년 사대사상의 언저리에서
유교는 썩지 않는 유전자 되어
깊은 생각은 얕은 생각에 빠져
시진핑이 북한 지도자인지
김정은이 중국 지도자인지 모호해서
작은도둑은 큰도둑을 성인으로 모시며
허우적대다가 뭉크의 그림 앞에
절규의 포스터가 되어서
코로나바이러스에 짓눌린
천사와 악마가 뒤바뀌어서
혼란에 빠진 2022년
긴장한 먹구름은 우르르 쾅쾅
연극도 익사 직전이다

## 비밀

너의 비웃음엔

타인의 눈물이

흥
건
히

묻
어
있
다

# 평설

## 오래고도 묵묵한 시간에서 길어올린 '사랑의 미학'

### – 지은경의 시세계

유성호 (문학평론가, 한양대학교 국문과 교수)

### 1. 서정시가 들려주는 성찰과 개진의 과정

지은경 시인의 열다섯 번째 시집 「수다」는, 그 자체로 일인칭 고백 장르로서의 서정시의 속성을 충실하게 입증하면서 다양한 음역音域으로 우리를 초대하는 언어적 집성集成이다. 그녀의 시편은 시인 스스로를 성찰하고 고백하는 자기 인식의 성격을 강하게 띠면서 자기 탐구적 성격을 강렬하게 구현해간다. 대체로 서정시는 시인 자신의 고유한 기억을 통해 지나온 시간을 되살리려는 흐름을 지닌다. 지은경의 시편은 이러한 원리에 적극 부합하면서 소소한 풍경 속에서도 시간의 질서를 읽어내고 존재의 근원을 상상하려는 노력을 섬세하게 수행해간다. 이때 그녀의 시는 형식상으로는 단아한 문장으로 일관하고 있으며, 내용상으로는 신산한 세월에 대한 견인의 정신을 일관되게 담아내고 있다.

이처럼 삶의 오롯한 순간들을 남다른 사유와 감각으로 표현하는 지은경의 시는 삶에 대해 성찰하고 고백하는 품을 오래도록 꾸려왔다고 할 수 있다. 그렇게 그녀는 새로운 시공간을 에돌아 결국 스스로를 향해 귀환하려는 의지를 보여주면서, 그때 동반되는 자각과 발견 과정으로 하여금 이번 시집을 귀하게 착색하고 있다. 그만큼 지은경의 시는 단순한 나르시시즘에 머무르지 않고 더 넓은 세계인식의 지평으로 한없이 나아간다. 결국 그녀의 시는 개인 경험으로부터 발원하면서도 세계를 개진하려는 열망을 승화함으로써 새로운 존재론을 지향해가는 것이다. 그러한 생성 지향의 언어가 말하자면 시인의 "열다섯 번째 사랑"(「시인의 말」)인 시집 「수다」의 핵심이 되어주고 있다 할 것이다. 이제 그 성찰과 개진의 과정을 들려주는 아름다운 언어 속으로 한 걸음씩 들어가 보도록 하자.

## 2. 자연 사물이 전하는 자유와 평화와 사랑의 전언

지은경 시인의 기억은 지나온 시간의 세세한 숨결을 재현하면서도 그 과정에서 치러온 스스로의 경험을 원초적 형식으로 하나씩 복원해간다. 그녀는 '스스로[自] 그러한[然]' 존재자들의 빛과 그늘, 생성과 소멸, 나아감과 물러섬, 삶과 죽음의 양면성을 면밀하게 관찰하고 표현함으로써 자신만의 사유와 감각을 명징하게 보여준다. 다양한 시선과 필치로 발화해가는 그녀의 사유와 감각을 통해 서정시의 단정함 속에서 치열한 현재형을 일구어가는 과정을 체험하게 된다. 또한 자연스럽게 그 안에서 직조되는 그녀만의 유니크한 목소리를 흔쾌하게 만나게 된다. 이처럼 시인은 기억의 뿌리를 찾아가는 구심적 언어를 들려주는 동시에, 견고함과 생동감을 하나로 결속하는 예술적 힘을 통해 구체적인 자유와 평화와 사랑의 언어를 우리에게 건네고 있다. 먼저 다음 시편을 읽어보자.

> 엑스레이를 찍어본다
> 꽉 찬 줄기와 굵고 가는 선들
> 그 속에도 눈물과 웃음
> 절실한 옳고 그름이 존재한다
>
> 빛 부신 태양을 먹으며
> 파릇파릇 돋아나는 신록이 있는가 하면
> 소금 떨어진 부패의 바닥도 보인다
>
> 바다의 숨소리가 더욱 선명한 밤
> 자리를 지키며 품위를 잃지 않는
> 영웅호걸들은 모두 어디 갔나
>
> 바쁜 일상 속에서 산을 찾은 어느 날
> 나뭇잎 사이로 들리는 분명한 목소리
> "너무 높이 올라가지 마라
> 뿌리 없이 높이 올라설 수 없다"
>
> 하늘 향해 두 팔 벌리고 영접하는
> 대세를 읽는 가슴, 아리도록 붉은 꽃
> 다독다독 괜찮아 괜찮아
>
> — 시 「나무의 전언」 전문

시인은 스스로의 내면에서 눈물과 웃음, 옳고 그름의 징후들을 발견한다. 그 안에 절실하게 존재하는 꽉 찬 줄기와 굵고 가는 선들을 바라본다. 태양 빛 아래서 순조롭게 살아온 밝은 흔적도 있고 소금이 떨어져 있는 바닥도 있음을 새삼 알아간다. 어느 날 시인은 산을 찾아 "나뭇잎 사이로 들리는 분명한 목소리"를 듣는데, 뿌리 없이는 올라설 수 없으니 너무 높이 올라가지 말라는 나무의 전언傳言이 바로 그것이다. 그렇게 "가슴 아리도록 붉은 꽃"으로 다가와 시인의 삶을 위로하고 "괜찮아 괜찮아" 하면서 다독이는 순간을 허여하는 나무는, 한편으로는 "아가 달래는 소리"(「봄비 소리」)로 들려오고 다른 한편으로는 "계절마다 가르침을 주는 우리의 스승"(「눈물 날아오르다」)처럼 다가오기도 한다. 그 전언을 양식 삼아 시인은 나무처럼 품위를 잃지 않고 하늘 향해 두 팔 벌리고 살아갈 힘을 얻고 있는 것이다. 말할 것도 없이, 그 힘 안에는 시인이 강조해마지 않는 자유와 평화와 사랑의 형상이 그득하게 출렁거리고 있을 것이다. 다음은 어떠한가.

넘어진 시간 일으켜 세우며
함박웃음 환하게 웃는 꽃

허리를 곧추세워 우뚝 홀로 선
꽃 중의 꽃 키다리 꽃

자유와 평화와 사랑으로 연대하는
더 이상 사유가 불필요한 꽃

일편단심 민들레의 DNA 품은
오직 사랑할 뿐 바라는 건 없는

구스타프 클림트가 사랑하고

고흐의 영혼에 빙의된 꽃

시인의 마음 송두리째 빼앗아
순도 높은 사랑의 시간 경배하는

달빛에 물들어 신화를 쓰는
희망과 도전으로 어둠도 눈부신 꽃!

— 시 「해바라기」 전문

　이번에는 '해바라기'다. 지은경 시편에서 자연 사물은 그 자체로 존재하는 것이 아니라 인간 존재를 은유하는 역할을 담당하곤 한다. 해바라기 역시 그러한 문맥을 창조하는 역할을 마다하지 않는다. "꽃 중의 꽃 키다리 꽃"인 해바라기는 넘어진 시간을 일으키며 함박웃음을 건네고 있는 밝은 생명체이다. 허리를 곧추세워 홀로 서 있는 해바라기는 한 걸음 더 나아가 "자유와 평화와 사랑으로 연대하는" 꽃으로 도약한다. "일편단심 민들레의 DNA"를 품었고, 클림트나 고흐를 사로잡았던 '사랑'의 꽃이기도 하다. 시인의 마음을 송두리째 빼앗아 "순도 높은 사랑의 시간 경배하는" 해바라기는 천천히 "달빛에 물들어 신화를 쓰는/희망과 도전으로 어둠도 눈부신 꽃"으로 다가온다. 물론 그 꽃은 시인 자신의 이상理想이 투영된 상관물이기도 하고, "살아있는 생명들 보듬어/따뜻함으로 이끄는 사랑"(「함박눈」)의 물리적 현신現身이기도 할 것이다. 그 모든 형상들이 바로 자유와 평화와 사랑의 시학을 구축하려는 '시인 지은경'의 은유로서 맞춤하다고 할 수 있다.
　이처럼 지은경 시인은 자연과 순간의 아름다움을 기

록하는 일에 매진하면서, 그 순간으로 하여금 섬세하고 아름다운 기억과 그것의 심미적 형상화를 성취하게끔 하고 있다. 이러한 재현 과정 외에도 그녀는 자연 사물이나 현상을 삶에 대한 해석의 상관물로 활용하고 있는데, 그것은 삶의 일상적 국면과 긴밀한 연관성을 가진다. 그 점에서 그녀의 시에 나타난 자연은 단순한 관조 대상이 아니라 시인 자신의 구체적 정서가 투사投射되어 나타난 것이다. 시인은 이러한 서정시가 가지는 미학적 장처長處를 최대한 구현해가고 있다. 자연 사물을 통한 존재론적 해석과 성찰 과정이 여기서 생성되고 확장되어가는 것이다. 이러한 해석과 성찰 작업에 자연 사물을 끌어들이면서 그네들로 하여금 우리와 함께 살아가야 할 생명원리가 되게끔 배열해간다. 일종의 생태적 사유를 보여주면서 더 나은 공존원리를 모색하는 창의적 기록을 건네고 있는 것이다. 우리도 그녀의 시를 읽으며 생명에 대해 사유하게 되고, 자연 사물이 건네는 자유와 평화와 사랑의 전언에 스스럼없이 가닿게 된다.

## 3. 온전하고 심미적인 언어적, 비언어적 결정結晶인 '시詩'

 지은경은 사물과의 깊은 교감 속에서 시를 써가는 시인이다. 그것들과 거의 등량等量의 몫으로 '시詩'의 진실을 일상 속에서 발견해간다. 우리가 보기에 소소하고 작은 관성이 모여 이루어진 것처럼 보이는 일상이란, 어떤 우주론이나 역사보다도 삶을 징후적으로 더 잘 알게 해주는 현상이 아닐 수 없다. 특별히 우리가 사는 현대의 일상이란 시간의 균질성을 중요 속성으로 삼고 있기 때문에 인간 욕망을 보여주는 핵심 지표가 되기도 한다. 그녀는 일상 속에서 '말'이 지닌 힘과 가치를 노래함으로써 '시'라는 양식을 파악하고 사유하는 활력을 꾸준히 보여주는 시인이다. 말에 깃들인 시간의 깊이를 일상의 순간에서 발견하고 그것을 중요 형식으로 심도 있게 은유하는가 하면, 말을 통해 사물의 질서를 구성하여 오래된 근원에 가닿으려는 언어적 자의식을 내비치기도 한다. 이렇게 언어적 자의식을 밀도 있게 보여주는 그녀의 시는 세계내적 형식으로서의 '시인'의 존재론을 떠올리게 해주면서, 사물을 구성하는 편재적 원리이자 늘 가까이 다가가야 하는 삶의 궁극성을 담은 언어적, 비언어적 결정結晶으로 현상하게 된다.

흐르는 강물
막을 수 없구나

흐르는 생각이
강물이구나

흐르는 생각에게
강물이 하는 말

잘 살아야 한다
그래야 시인이다

— 시 「시인과 강」 전문

해와 달도 시를 쓰는 달
나무들의 옆구리가 따스하다

풀꽃을 키운 건 바람의 미소
시인은 꽃잎을 안고 잠이 든다

책상에 몰래 놓고 간
노랑 민들레

아, 4월이 다녀갔구나!

가난한 이에게도 웃음을 주는
햇내 나는 봄이구나

- 시 「4월」 전문

시인은 흐르는 강물을 막을 수 없듯이 "흐르는 생각"도 멈출 수 없음을 고백하고 있다. 그 "흐르는 생각에게/강물이 하는 말"이야말로, 마치 앞에서 만나본 '나무의 전언'처럼, 잘 살아야 '시인'임을 강조하는 언어로 현상하고 있다. 그러니까 '삶=시'라는 등식이 바로 지은경 시인의 가장 깊은 시관詩觀이 되어주는 셈이다. 그렇게 '시인과 강'은 하나의 결속체로서 지은경 시편을 감싸안는 원리가 되고 있다. 그런가 하면 '4월'이라는 생성의 계절을 시인은 "해와 달도 시를 쓰는 달"이라고 명명한다. 나무들 옆구리가 따스해지는 그 '시'는 바로 풀꽃을 키운 바람과 같기도 하고 꽃잎을 안고 잠이 든 시인과 같기도 하다. 그러한 아늑함과 포근함과 생명력을 통해 시인은 "가난한 이에게도 웃음을 주는/햇내 나는 봄"에 모두 시를 쓰고 있다고 말한다. "책상에 몰래 놓고 간/노랑 민들레"도 4월이 다녀가면서 남긴 '시'가 아닌가. 그렇게 삶에 편재하는 언어적, 비언어적 흔적을 모두 '시'로 끌어안는 지은경 시인의 품과 격은 참으로 넓고 높다 할 것이다. 비록 "종이책은 사라지고/파노라마 전자백과사전"(「손바닥 바다」)이 편만해진다 하더라도 그녀의 '시'는 여전히, 더 강한 힘으로, 앞으로도 "내 마음 모두 빼앗은/그대와의 동거"(「詩」) 과정을 증언해갈 것이다.

흩어졌다 모이고
모였다가 흩어지는 말들
잊을 수 없는 말들 밤을 세우며
까만 하늘에 수다를 뿌리는 별들
메마른 마음들 촉촉이 적신다

내가 어디서 왔는지 알지 못하므로
내가 어디로 가는지도 알지 못한다
장미도 제 목숨 지키기 위해 품고 사는 가시
내가 나를 보호하기 위해 품고 사는 세치 혀
어쩌다 자신을 찌를지라도
메타버스 타고 말꽃 곱게 피우는 밤

가끔 도심의 불빛이 하늘을 가려도
내 마음속 은하수는 강물처럼 흐르며
은행나무 이파리가 된 수다들
입속에서 핀 꽃들 웃음꽃 달고
노랑나비 되어 세상 훨훨 날아다닌다

인파속에 하루를 지우며 사는
도심 속 나홀로족 무인도 친구들이여
내일을 열어주는 수다 사랑해요

— 시 「수다」 전문

이번 시집 표제작이기도 한 이 작품은 "흩어졌다 모이고/모였다가 흩어지는 말들"에 대한 메타적이고 재귀적再歸的인 목소리를 담은 인상적인 시편이다. 시인은 그 "잊을 수 없는 말들"을 밤하늘에 뿌리는 별들을 각인하면서 그네들의 언어를 '수다'로 집약해낸다. 그러한 천상의 언어적 향연은 지상의 메마른 마음을 적시고 말꽃을 곱게 피우는 존재자로 화한다. 어차피 우리는 어디서 왔는지 어디로 가는지 모르지만, 장미 가시처럼 "내가 나를 보호하기 위해 품고 사는" 혀의 힘을 생각함으로써 언어적 향연에 동참할 수 있다. 그때 마음속의 은하수는 강물처럼 흐르고 은행나무 이파리가 된 '수다'들은 웃음꽃 달고 노랑나비가 되어 세상을 날아다니지 않겠는가. 그 비상飛翔의 에너지가 바로 "내일을 열어주는 수다"인 셈이다. 지은경 시인은 '수다'라는 활력을 자신의 언어에 부여하면서 "우주의 법칙 닮은/시인과 별은 서로를 향해"(「별과 시인」) 존재함을 알려주고 있고, 동시에 "몸의 빼앗긴 시간을 돌려주는"(「계절을 준비하는 숲」) 시간의 주인공으로서 '시'를 새삼 사유해가는 것이다.

이처럼 지은경의 핵심 메시지는 '시'의 중심을 현저하게 관통해가고 있다. 그녀가 수행하는 '시'에 대한 이러한 관조와 명명은 시인의 고유한 해석 행위와 결합하여 삶의 원리를 재현해내는 상상력으로 이어져간다. 이번 시집에서 시인의 생각이 가닿는 궁극적 대상은 온전하고도 심미적인 언어적, 비언어적 결정結晶으로서의 '시詩'였던 셈이다. 여기서 '시'는 복합적 현실을 순간적으로 드러내면서도 그것을 안아들일 수 있는 상상적 세계를 마련하여 꿈과 현실의 구체적 접점을 언표하는 언어적, 비언어적 예술을 통칭한다. 자연스럽게 그것은 우리를 둘러싼 현실과 그것을 치유하려는 꿈 사이에서 발원하는 신생의 기록으로 몸을 바꾸어간다. 그리고 삶의 불모성과 싸우면서 그것을 회복하려는 열망에 의해 완성되어가는 세계가 되어주는 것이다.

## 4. 찬연한 기억 속의 '사랑의 미학'

궁극적으로 지은경 시편이 도달하려는 영역은 찬연한 기억 속의 '사랑의 미학'에 있다. 우리가 말하는 기억이란 지나간 시간을 감각적으로 재생시키는 운동이지만, 시인 자신의 실존적 현재형을 아름답게 지탱해가는 기원起源으로 각인되기도 한다. 지은경 시인은 살아온 날들에 대한 회상을 담는 데 머무르지 않고 살아갈 날들의 방향타 내지 지남指南을 기억 속에 설정해간다. 시인이 보여주는 기억의 격조는 이렇게 과거와 현재, 주체와 대상, 현상과 본질, 삶과 죽음, 생성과 소멸의 경계를 지우면서 시학적 본령의 역류 과정을 아름답게 보여준다. 여기서 시간을 역류한다는 것은 과거를 단순 복제하는 것이 아니라 지나온 시간을 원초적 형식으로 생성하면서 그것을 삶의 현재형과 연루시키는 것을 말한다. 시인은 이러한 원리를 통해 현실에서는 불가능한 상상적 존재 전환을 꾀해간다. 부재하는 대상을 향한 오랜 그리움과 기다림, 그리고 불가피하게 이어질 수밖에 없는 항구적 운동으로서의 '사랑'은 그렇게 시인의 힘과 존재 이유를 알려주고 있다. 말하자면 그녀는 사물과 내면이 이루는 접점을 통해 아득한 순간을 구성함으로써 그러한 순간이 사실은 기억을 매개로 하여 잇대어진 연속적 시간임을 승

인하고 있는 것이다. 이는 그녀가 노래하는 사랑의 마음이 구체성과 역사성을 아울러 가지고 있는 것임을 실감 있게 알려준다. 그렇게 사랑의 마음은 사라져간 존재자에 대한 연대감에 의해 증폭되어간다. 이로써 우리는 그녀의 시가 바탕 삼고 있는 사랑의 대상이 얼마나 확산 가능한 세계로 충만해 있는가를 선명하게 깨닫게 된다.

모든 여행은 첫사랑이다
검은 눈동자 반짝이는
열여덟 꿈을 키우는 세계 여행
적도면 적도
북극이면 북극
발길 닿은 스물하나의 나라
나의 첫사랑들 모두 안녕하신가?
아름다운 추억들 그리워
스캔하고 돌아와 다시 그리는 얼굴들

모든 여행은 스승이다
일상에서 해방된 자유의 가르침
길에서 배우는 인생이다
한 여인에게 바친 타지마할 사랑
모래폭풍이 일던 타클라마칸
무섭고도 경이로운 하와이 활화산
네팔의 몽환적인 패랭이들
수십억 지구인 눈빛 만나고 싶어
다시 떠나는 세계 여행길

— 시 「여행」 전문

지은경 시인은 "모든 여행은 첫사랑"이라는 뜻 깊은

문장으로 말문을 연다. 물론 여행이란, 특별히 '세계 여행'이란, "검은 눈동자 반짝이는/열여덟 꿈을 키우는" 사랑의 형식이 아닐 수 없을 것이다. "적도면 적도/북극이면 북극" 이렇게 발길 닿은 대로 "스물하나의 나라"를 다닌 시인의 첫사랑들은, 그 자체로 아름다운 추억의 진원지가 되어준다. 그 꿈과 같은 추억이 그리워서 시인은 그 얼굴들을 "스캔하고 돌아와 다시 그리는" 과정을 반복한다. 그리고 그 그리운 얼굴들을 만나는 "모든 여행은 스승"이라고 고백하기도 한다. 여행이라는 스승으로부터 비롯된 "일상에서 해방된 자유"와 "길에서 배우는 인생"이야말로 "한 여인에게 바친 사랑"처럼, "무섭고도 경이로운" 활화산처럼, "몽환적인 패랭이들"처럼, 수십억 눈빛이 되어 시인으로 하여금 다시 세계 여행길로 나서게 해주지 않겠는가. 그러니 지은경 시인에게 '사랑'이란 "누군가의 노동이/새 아침을 밝게 열고"(「새벽을 여는 사람들 1」) 있는 순간을 포착하는 일이고, "한 발 한발 걸어온 시간들이/물구나무 세우며 질문하는 시간"(「12월」)을 맞이하는 일이었던 셈이다. 그렇게 여행이라는 찬연한 기억 속에서 시인은 자신만의 '사랑의 미학'을 구축해가고 있다 할 것이다.

    실컷 울고 싶어 달려왔더니
    바다가 제 가슴 찢으며
    더 큰 소리로 울어
    나는 차마 울지도 못했다

    바다와 사랑에 빠진 몽돌
    천년의 사랑 지키는 순정이다
    태양이 너무 뜨거워 눈이 멀었나

거센 바람에 뺨을 맞아 귀가 먹었나

자갈자갈 모음자음 앓는 소리들
바다가 혁명의 구실을 내어준다

살아있는 것들은 모두 평등하다
가짜로부터 혁명하라

- 시 「다시 바닷가에서」 전문

시인은 "천년의 사랑 지키는 순정"을 "바다와 사랑에 빠진 몽돌"에서 발견한다. 실컷 울려고 다시 바닷가에 왔는데, 바다의 가슴을 통해 "더 큰 소리로" 우는 사랑의 장면만 목격한 셈이다. 차마 울지도 못한 시인은 태양과 바람을 뚫고 들려오는 "자갈자갈 모음자음 앓는 소리들"을 통해 살아있는 것들은 모두 평등하다는 사실을, 그리고 그로부터 사랑의 혁명이 시작되어야 함을 노래한다. 비록 "독한 사랑의 괴로움보다/혼자인 외로움이 낫다"(「연극은 팩트」)고 생각될 때가 있지만, 몽돌의 사랑처럼 오래고도 묵묵한 시간의 사랑이 더 오래고도 위대함을 알아가는 것이다. "청빈한 수도사를 닮은/백양나무들의 묵언 수행"(「겨울 산행」)을 통해 찾아가는 침묵과 인고忍苦의 시간을 시인은 자신의 존재방식으로 배워가는 것이다. 그것이 이를테면 지은경 버전의 '사랑의 미학'이기도 할 것이다.

결국 사랑은 인간이 가지는 고유한 욕망의 형식이다. 근본적으로 충족이 불가능한 인간 욕망에 비추어볼 때, 사랑 역시 삶을 얽어매고 있는 소모적 파토스일 경우가 많을 것이다. 하지만 지은경 시인은 사랑의 기억이 삶에서 재현되기를 갈망하면서 그것이 성취될 수 없는 지상의 삶을 차분하게 견뎌간다. 나아가 그것이 인간의 내밀한 정서라는 점을 보여주면서 서정시가 구현할 수 있는 시간 예술적 속성을 한껏 충족해간다. 이러한 사랑의 원리는 서정시가 오랫동안 쌓아온 핵심 기율이기도 하고, 떠나버린 대상을 상상적으로 재현하고 복원하는 일에 심혈을 기울여온 시인의 오랜 경험적 방법론이기도 할 것이다. 물론 최근에는 주체와 대상 사이의 날카로운 균열 양상을 포착하는 '아이러니'나 '반反동일성'의 미학이 늘어나고 있지만, 서정시의 이러한 회귀적 속성은 전혀 그 비중이 줄어들지 않을 것이다. 이러한 회귀적 속성이 서정시의 기본적이고 궁극적인 속성임에 비추어, 우리는 지은경 시인이 수행해가는 존재론적 사랑과 순수한 자긍自矜이야말로 서정시의 중요한 성찰의 원리로서 제격일 것이라고 판단해본다. 또한 그 성찰의 힘으로 다시 삶에 활력을 불어넣는 확장 과정 또한 위축되지 않을 것이라고 생각해본다.

## 5. 시간과 사랑과 시의 깊이를 노래하는 시인

서정시는 시간에 대한 남다른 기억의 형식으로 착상되고 씌어진다. 그것이 미래의 전망을 다룬 것이거나 아니면 시간을 초월하는 시편이라 하더라도, 그것은 그 자체로 시간에 대한 일종의 가치판단일 수밖에 없을 것이다. 그만큼 서정시는 시간에 대한 기억의 재구성이라는 특성을 항구적으로 지니며, 사물의 이법理法을 순간적으로 발견하고 표현하는 원리를 구현하게 마련이다. 지은경의 이번 시집은 성숙 과정을 통해 시간의 깊이를 탐구하면서 주체와 세계가 분리된 경험으로부터 그것의 통합적 국면을 꾀하고자 한다. 그것이 이른바 서정의 원리라면, 지은경의 이번 시집에는 사물을 통한 존재 확인과 궁극적 가치 지향이 함께 반영되어 있다고 할 수 있을 것이다. 이때 우리는 우리를 둘러싼 세계와 그것을 인식하고 수용하는 주체를 일정한 연속성을 가지는 것으로 이해하게 된다. 그리고 우리가 상실한 근원적 정서를, 사물을 응시하는 시인의 시선에서 궁극적으로 찾을 수 있게 될 것이다.

물론 지은경의 시에는 이러한 음색 말고도 다양한 주제가 산포되어 있다. 이를테면 "혈맹으로 맺어진 독립투사들/나라의 앞날만을 걱정"(「동짓날 동지同志 생각」)했던 시간도 흐르고 있고, "불굴의 정신 키워준 겨레의 성역"(「백두산」)에 대한 숭모의 마음도 울려오고 있다. 그런가 하면 "아침에 눈을 뜨면/하느님보다 먼저 인사하는/까만 액정 진화의 산물"(「접속시대」)에 대한 경계의 심리학도 펼쳐져 있다. 이 모든 것이 오랜 시간 속에서 성찰적 가치들을 발견해가는 시인의 긍정적 시선을 보여준다 할 것이다. 그렇게 시인은 서정시의 덕목인 이러한 고전적이고 조화롭고 심미적인 언어를 통해 시간과 사랑과 시의 깊이를 노래함으로써 다양하고 견고한 자신만의 시세계를 오롯이 들려준다. 이러한 미학적 세계가, 시간이 갈수록 더욱 견고한 형상과 목소리를 얻어, 우리에게 인지적 충격과 위안의 경험을 선물하고 있으며 지속적으로 선사해주기를 바란다. 그리고 그러한 세계가 더욱 아름답게 그녀의 미래 시간을 채워가기를 희원해마지 않는다.

지은경 제15시집

# 수다

| | |
|---|---|
| 초판 인쇄 | 2025년 6월 27일 |
| 초판 발행 | 2025년 6월 27일 |

| | |
|---|---|
| 지 은 이 | 지은경 |
| 펴 낸 곳 | 도서출판 책나라 |
| 등    록 | 110-91-10104호(2004.1.14) |
| 주    소 | ㉾ 03377 서울시 은평구 녹번로 3가길 14, 라임하우스 1층 101호 |
| 전    화 | (02)389-0146~7 |
| 팩    스 | (02)289-0147 |
| 홈페이지 | http://cafe.daum.net/sinmunye |
| 이메일 | E-mail / sinmunye@hanmail.net |

값 13,000원

ⓒ 지은경, 2025
ISBN 979-11-92271-51-4

* 이 책 내용의 전부 또는 일부를 재사용하려면
  저작권자와 도서출판 책나라 양측과 협의하여야 합니다.
* 저자와의 협의에 의하여 인지를 생략합니다.
* 파본은 구매 서점에서 교환하여 드립니다.